AF316403

DISCOURS

SUR

L'ESCLAVAGE.

PAR M. L'ABBÉ CHATEL.

PARIS,

À L'ÉGLISE FRANÇAISE,

Rue du Faubourg-Saint-Martin, 59.

1842.

DISCOURS

SUR

L'ESCLAVAGE.

DISCOURS

sur

L'ESCLAVAGE,

Par M. l'abbé CHATEL,

Primat de l'Église française.

———×———

(FÉVRIER 1842.)

———×———

> On les peint comme des brutes, pour s'excuser de n'en pas faire des hommes.
>
> (*Paroles de M. de Lamartine*, au banquet offert par la société française, pour l'abolition de l'esclavage, à la députation de la Société centrale britannique, le 10 février 1840.)

D'où est donc venue à l'homme, mes Frères, cette concupiscence impie de la liberté de son frère? Comment donc a-t-il pu se persuader qu'il lui appartenait de dispenser la vie ou de la retenir à son gré? Comment s'est-il donc fait que celui qui ne peut ajouter à sa taille ni en retrancher un iota, se soit cru un jour le maître absolu de la vie, et qu'il ait osé dire à son semblable : La quantité d'air que tu respires, l'eau que tu bois, le

1842

pain qui te nourrit, sont à moi ; c'est moi qui te les donne ; tu ne peux être que mon esclave. Sois donc l'escabeau de mes pieds , ou bien je t'arrache la vie. Est-ce parce que l'homme est méchant par sa nature , qu'il a ainsi violé la loi de Dieu et les droits de l'homme son frère ; ou bien faut-il accuser son ignorance de ce double crime de lèse-majesté divine et humaine ?

Si l'homme était méchant par sa nature, il n'y aurait que le mal de possible parmi les enfans des hommes, et il serait inutile de demander le redressement des torts de l'humanité ; la théorie du bien serait une chimère ; il faudrait laisser les hommes se dé-vorer sans mot dire. Mais l'humanité n'étant point créée pour le mal , et étant perfectible, doit comprendre, aujourd'hui qu'elle a marché dans les voies du progrès, que l'esclavage est un fait monstrueux , 1° parce qu'il est un attentat à la loi de Dieu, pre-mière partie de ce discours ; 2° parce qu'il est également un at-tentat aux droits de l'humanité toute entière, deuxième partie.

PREMIÈRE PARTIE.

La loi de Dieu n'admet dans l'humanité que des enfans, que des membres d'une même famille. Elle n'a pas fait l'homme maître de l'homme ; elle a fait l'homme l'égal de l'homme et tous les hommes frères. Si elle a établi des différences de couleurs, de capacité, de force, de grandeur , de courage, d'ap-titude, ce n'est pas qu'elle ait voulu que les uns fussent domi-nés et les autres dominateurs : c'est que nul homme ne pouvant être universel, et la beauté de la nature ne devant résulter que de l'infinie variété des êtres, cette diversité de formes, de capa-cité , d'aptitude de grandeur qui se voit dans tout le reste de la création , a dû se trouver de même dans l'homme, sous peine de dérogation à la loi d'harmonie universelle. Chacun donc de nous a une aptitude , une vocation différentes, comme le dit saint Paul ; mais s'il y a des différences parmi nous , il n'y a pas d'in-fériorités proprement dites, et l'homme n'est point le marche-pied de l'homme. Non, il n'est pas un homme, quelque chétif que vous le supposiez, qui n'ait une mission utile à remplir dans la société. Pourquoi donc me croirais-je le droit de mépriser mon semblable , quel qu'il soit, et d'en faire l'escabeau de mes pieds ?

Il est donc pour les êtres intelligens, dans la nature, une diversité de goûts, de capacité, d'aptitude, de vocations, ainsi qu'il existe une variété de formes pour les êtres purement matériels ; et c'est de cette diversité dans les intelligences, de cette variété dans les formes que résulte l'harmonie générale. Si vous changez un iota à tout cela, vous détruisez cette harmonie ; vous êtes coupable du crime de lèse-majesté divine.

Cet homme que dans votre ignorance ou votre cupidité vous faites esclave et paria ; cet homme dont vous vous faites le maître parce que vous êtes le plus fort ou le plus adroit, qui vous a dit que la Providence ne l'avait créé que pour l'état d'avilissement que vous lui destinez ? qui vous a dit qu'il ne fût pas devenu votre égal en tout, que même il ne vous eût pas surpassé, s'il eût été cultivé comme vous ? Ce que vous savez vous-même, ne l'avez-vous pas appris ? Si, comme ce noir que vous méprisez, que vous tenez à merci, dont vous trafiquez si indignement, oubliant qu'il vient de Dieu comme vous ; si, comme ce noir, on vous eût privé de toute lumière, de toute science ; si on eût étouffé en vous toute volonté, toute intelligence, qu'eussiez-vous été autre chose qu'une bête de somme, qu'un animal stupide portant une figure humaine ? Vous ne savez donc pas que l'homme ne diffère de la brute que par l'âme qu'il porte dans son corps ? Mais si ce corps dont les organes doivent servir au développement des facultés de l'âme, n'a point la destination que Dieu lui a donnée ; si vous le débilitez de telle sorte, qu'il ne soit plus qu'une machine incapable de servir l'intelligence ; si enfin vous atrophiez et réduisez à néant les facultés intellectuelles de votre frère, d'où vient, je vous le demande, le défaut d'aptitude que vous lui reprochez ?

Ah ! mes Frères, telle a été pourtant et telle est encore l'ignorance ou la profonde perversité de ceux qui ont regardé et qui regardent encore l'esclavage comme un état providentiel dans les sociétés humaines. Ils sont, par suite d'une organisation sociale vicieuse, dans un état de luxe insultant qui leur permet de satisfaire avec profusion à tous leurs caprices ; que dis-je ? ils ont, en quelque sorte, le monopole de la vie matérielle, intellectuelle et morale, et cette vie qui surabonde pour eux, ils ne veulent pas même en départir le superflu à leurs semblables. S'ils consentent à leur en octroyer quelques parcelles, c'est pour les rendre plus misérables encore en ne leur concédant la vie du corps que pour leur arracher la vie de l'âme ! Et quand ils ont ainsi avili des frères, quand ils les ont ainsi dégradés, ils ont le cynisme de leur dire : vous n'êtes pas nos égaux ; vous êtes d'une incapacité qui ne vous permet pas de vous conduire vous-mêmes : il est dans vos intérêts que vous nous apparteniez corps et biens. Laissez-vous donc bâillonner, dépouiller, frapper du knout et même tuer par nous. Dieu ne vous a faits que pour le servage, les coups de bâton et la mort. Ainsi, c'est le propriétaire d'esclaves qui l'a dit : Dieu a fait la vie pleine de honte, de souffrances, d'humiliations pour les uns, et exubérante de jouissances et de plaisirs pour les autres ; sa loi divine a créé la torture pour le noir, et une existence de sybarite pour le blanc !

Mais non, le propriétaire d'esclaves a blasphémé ; ce n'est pas de la loi de Dieu que vient cet inqualifiable désordre ; c'est de la loi de l'homme, c'est à dire de la loi de l'ignorance autant que de la cupidité, de la convoitise. C'est l'homme méchant ou borné dont l'insatiable avarice et l'aveuglement déplorable ont voulu envahir la terre, qui a volé à l'homme, son frère, tout ce que Dieu lui avait donné. C'est lui qui, après l'avoir dépouillé, l'a trouvé trop misérable pour être son égal, l'a frappé dédaigneusement du pied, et lui a déclaré qu'il était trop incapable ou trop paresseux pour être autre chose que son esclave. *Parce que les lois étaient mauvaises*, dit Montesquieu (1), *on a trouvé des hommes paresseux; parce que ces hommes étaient paresseux, on les a mis dans l'esclavage.*

Nous n'avons point calomnié, mes Frères, en affirmant que la cupidité ou l'ignorance seules avaient établi l'esclavage. Pourquoi, en effet, y a-t-il des esclaves dans les sociétés humaines? Serait-ce qu'il y aurait des incapacités absolues parmi nous? — Dieu aurait-il donc créé des êtres entièrement inutiles? L'homme qui est, après Dieu, le roi de la nature, serait-il donc quelquefois aussi un rien, une inutilité? Mais s'il était parmi nous des êtres sans utilité, ce seraient sans doute ceux de nos frères qui sont malades, infirmes ou courbés sous le poids des années; d'où vient donc que ce ne sont point ceux-là que vous faites esclaves? Oh! non, vous savez bien que ce ne sont là que des exceptions qui n'infirment point la règle; vous savez bien qu'il n'y a pas dans l'humanité des races d'hommes destinées à l'humiliation, au servage, à la misère; ou, si vous ne le savez pas, pour peu que vous

(1) *Esp. des lois*, chap. VIII du liv. XV.

réfléchissiez sur la bonté et la justice de Dieu, vous ne pouvez rester long-temps dans cette erreur fatale qui fait que vous êtes si impitoyables envers quelques uns de vos frères. Rentrez donc en vous-mêmes, au nom de Dieu! Voyez si vous êtes vraiment ce que vous prétendez être, pleins de justice, de charité, de dévoûment; voyez si vous faites aux autres ce que vous voudriez qui vous fût fait à vous-mêmes. Si vous êtes chrétiens, ce doit être là votre règle de conduite, votre loi. Et ne fussiez-vous pas chrétiens, qu'importe? Cette loi est la loi de Dieu, ce doit être la loi de ses enfans, et par conséquent celle de l'humanité toute entière. Puisque Dieu est le père du nègre comme le vôtre, pourquoi voudriez-vous que le sort du noir fût pire que le vôtre?

Ne dites pas que cet homme que vous avez attaché à la glèbe ne peut faire que le travail que vous lui imposez, et que Dieu même, dont nous invoquons ici la justice et la bonté, ne l'a destiné qu'au servage. Nous l'avons déjà dit, en raisonnant de la sorte, vous êtes d'une insigne mauvaise foi ou d'une profonde ignorance; car, cet homme, s'il est dégradé, s'il est ignorant, grossier, c'est parce que vous lui avez volé les moyens que Dieu lui avait donnés de s'éclairer, de se cultiver, de s'instruire. Et d'ailleurs, en prenant cet homme tel qu'il est, dénué de cette science mondaine qui vous rend si vains, de ces manières polies, de cette facilité d'élocution, de ces grands airs dont vous êtes si orgueilleux, est-il vrai qu'il n'ait pas une valeur égale à la vôtre? Ces prétendues qualités que nous vous reconnaissons du reste, au fond, que signifient-elles quand elles sont seules? A quoi vous serviraient votre politesse exquise, vos grands airs, vos manières enjouées, si les mains calleuses de cet esclave ne remuaient et fécondaient la terre qui vous nourrit? S'il ignore ce que vous savez, ne fait-il pas ce que vous ne pourriez faire vous-mêmes? Ah! si Dieu vous punissant par là où vous avez péché, intervertissait les rôles; si, de vos esclaves il faisait vos maîtres; mais vous ne sauriez produire ni pour vos maîtres ni pour vous-mêmes, et vous expireriez sous le bâton avant d'avoir pu apprendre à remplir convenablement le plus facile des devoirs de votre nouvel état de servage.

Mais n'intervertissons point les rôles; restez ce que vous êtes; c'est à dire conservez ce que vous possédez. A Dieu ne plaise que nous voulions vous dépouiller. Nous, qui sommes chrétien, nous nous garderons bien de vous donner l'exemple de la violation de la loi de Dieu; nous ferons à votre égard comme nous voudrions qu'on nous fît à nous-même. Conservez donc ce que vous avez légitimement acquis; mais rendez ce qui ne vous appartient pas et n'a jamais pu vous appartenir. Or, vous avez pris à vos frères leur liberté, leur propriété; il faut les leur rendre; car ils sont libres et ont la vie de par Dieu, et non de par vous. Il y avait place pour eux sur la terre, et en naissant ils n'ont pas trouvé où reposer leur tête. Aujourd'hui encore, la place qu'ils y occupent n'est point à eux, puisque vous prétendez en être les maîtres. C'est à dire que votre loi sociale a fait de Dieu un père imprévoyant; un père qui a la puissance de créer, mais qui n'a pas celle d'organiser; un être capricieux, bizarre, méchant ou aveugle, qui couvre la terre d'habitans pour les faire s'arracher la vie les uns aux autres! Eh bien! il faut changer cette loi en rendant désormais à Dieu ce qui est à Dieu, et à votre prochain ce qui est à votre prochain.

Vous parlez de respect à la propriété, à la liberté; prenez garde: vos paroles ne seront qu'un airain sonnant, qu'une cymbale retentissante, tant que vous ne pratiquerez pas vous-mêmes ce que vous enseignez aux autres. Prenez garde : vos propriétés, votre liberté ne seront respectées qu'autant que vous respecterez la propriété et la liberté d'autrui. Ces esclaves, quelque abjects, quelque bornés que vous les supposiez, ne le sont pas au point de ne pas comprendre qu'ils sont des hommes comme vous; et quand ils ont compris, à quels excès ne peuvent-ils pas se porter contre vous? Croyez-vous qu'ils respecteront vos personnes et vos propriétés? Pensez-vous qu'ils ne vous rendront pas au centuple le mal que vous leur avez fait; qu'ils seront moins impitoyables envers vous que vous ne l'avez été envers eux? Et qu'aurez-vous à dire? invoquerez-vous la loi de Dieu? vous ne l'avez point suivie, cette loi, quand vous étiez les maîtres; vous l'avez indignement violée. Et puis, vous ne l'enseignâtes jamais à vos esclaves; ils ne savent ce que vous voulez dire quand vous leur parlez de cette loi. Non, non, ils ne connurent jamais que vos lois impies, et c'est au nom de ces lois qu'ils vous rendent aujourd'hui esclavage pour esclavage, qu'ils vous dépouillent, qu'ils prétendent avoir le droit de vous frapper et de disposer de votre vie comme vous l'avez fait vous-mêmes lorsque vous étiez les plus forts. Vous deviez savoir que l'esclavage n'était pas seulement un attentat à la loi divine, qu'il était encore un crime de lèse-majesté humaine. L'esclavage est un attentat à la loi de Dieu; nous venons de le voir. J'ai ajouté qu'il était un attentat aux droits de l'humanité, c'est le sujet de la deuxième partie.

DEUXIÈME PARTIE.

Le noir est un homme tout aussi bien que le blanc. Les mêmes conditions de la vie existent pour tous les deux. L'un est capable de produire tout aussi bien que l'autre. Tous deux existent, vivent par les mêmes moyens. Tous deux produisent et consomment également. Tous deux ont donc des droits et des devoirs égaux. Ces droits et ces devoirs, c'est Dieu, c'est la nature qui les ont établis; la puissance ni la loi humaine n'y peuvent rien. Si elles y touchent, elles commettent un acte impie, anti-social; elles s'attaquent à Dieu même en s'attaquant à sa loi; elles établissent le règne de la force et de la brutalité, au lieu du règne de la justice et de l'harmonie résultant toujours de l'observation de la loi divine. Dès lors il y a dans l'humanité des membres destinés à l'opprobre, à la souffrance, à la misère, et la loi ne règle plus rien; elle désorganise. Tout vient du hasard ou de la force; rien de la justice et de l'équité. Les droits de tous sont sacrifiés à la cupidité, au mauvais vouloir de quelques uns. C'est le succès qui fait le droit, jamais la justice. Tout se résume dans le fait. Le fait consommé répond à tout. Le voleur n'est plus coupable dès que la loi humaine ne l'a point atteint. Que dis-je? celui même que la loi a frappé, ne semble flétri qu'autant qu'il ne lui reste rien de ses rapines ; s'il est riche, il est pardonné, choyé, honoré !

Toute société donc qui a des esclaves est une société sans respect pour le droit, pour la justice. La fortune, dans une telle société, est moins à celui qui peut légitimement l'acquérir, qu'à celui qui peut adroitement la voler. Le respect pour la propriété y est fondé sur la peur et ne vient nullement de la conscience. Pour bien nous convaincre de tout ce que l'esclavage a d'attentatoire aux droits de l'humanité, il suffira d'exposer, en les réfutant, les sophismes de ceux qui le défendent, et de montrer les ébranlemens, les calamités, les guerres effroyables qu'il a produits dans les sociétés humaines.

Quand les sociétés humaines ont des dieux différens, elles ont aussi des principes opposés, et elles ne peuvent s'entendre sur les questions les plus claires, quelque capitales qu'elles soient d'ailleurs. La raison la plus vulgaire comprend que l'homme n'appartient point à l'homme; que chaque homme appartient à la société et s'appartient à lui-même, et que l'ilotisme ne peut exister que dans un pays de sauvages. Eh bien! c'est cette raison vulgaire qui a fait défaut à l'humanité dans une multitude de pays et de circonstances. On a vu même quelques hommes haut placés par la science, faire servir la grande influence de leur nom et de leur capacité, à détruire toute notion du vrai et du juste dans le monde, en faisant de la spoliation un droit social, un droit divin! Il ne pouvait en être autrement: des dieux et des principes opposés se disputaient le monde; l'empire devait rester au plus fort. C'était la fortune des combats qui devait résoudre toutes les questions, et non le droit et la justice, et c'est ce qui a fait que le monstrueux esclavage a pu s'établir parmi des êtres à figure humaine.

L'esclavage proprement dit, selon Montesquieu (1), *est l'établissement d'un droit qui rend un homme tellement propre à un autre homme, qu'il est le maître absolu de sa vie et de ses biens.* Or, remarquez ceci, les dieux farouches que s'est forgés l'humanité dans son aveuglement, lui ayant fait établir en principe que la guerre était de droit divin, elle a regardé l'esclavage non seulement comme permis, mais encore comme un adoucissement au malheur des vaincus qui, pouvant être mis à mort par le vainqueur, devaient s'estimer trop heureux de conserver leur vie en perdant leur liberté et devenant esclaves. C'est là l'un des grands motifs par lesquels on prétend justifier l'esclavage. Ce sont les Instituts de Justinien (2) qui nous donnent cette belle et magnifique raison! Ainsi, parce que vos lois folles autant qu'impies ont décidé que la guerre était une bonne et sainte chose; parce que, dans leur affreux athéisme, elles ont déclaré que Dieu était le Dieu de la guerre; parce qu'elles ont eu des labarums dans les airs pour tromper les nations et outrager la divinité en la faisant complice des égorgemens humains; parce que, en un mot, vous avez arrêté, dans vos assemblées de pestilence, que les hommes avaient le droit de se tuer, pour la plus grande gloire de Dieu; vous avez trouvé que le droit de réduire en escla-

(1) *Esp. des lois*, liv. XV, Chap. I, *de l'Esclavage civil.*
(2) *Liv. I.*

vage étant moins odieux que celui de donner la mort, le droit de
faire des esclaves devait être le droit de tout vainqueur! Ah!
c'est bien à vous, admirables législateurs, qu'il faut appliquer
cette sentence de l'Ecriture: *Abyssus abyssum invocat.*

> Dans le crime il suffit qu'une fois on débute :
> Une chute toujours attire une autre chute.

Et ces législateurs, mes Frères, qui écrivent de telles choses,
ces hommes transcendans qui veulent être les oracles de la société en justifiant un crime par un autre crime, une iniquité par
une autre iniquité, sont en effet devenus les précepteurs de l'humanité et leurs enseignemens ont été réputés divins! On a trouvé
admirable, surnaturel et d'inspiration divine que les hommes se
tuassent, pourvu que la boucherie eût lieu avec tout le cérémo-
nial atroce du meurtre organisé; et on s'est extasié devant l'esclavage, sous le prétexte qu'il empêchait le meurtre des vaincus!
La guerre a tout légitimé aux yeux de certains hommes, et le
crime a changé de nom pour eux dès qu'il est venu des combats.
Ecoutez Locke, le grand, l'immortel Locke; il vous dira que *les
prisonniers faits dans une guerre juste, sont, par le droit de la
nature, sujets à la domination absolue et au pouvoir arbitraire
de leurs maîtres* (1). En vérité, la nature est bien cruelle envers
quelques uns de ses enfans, puisqu'elle ne leur permet que l'af-
freuse alternative de la mort ou de l'esclavage. O homme! quand
tu fais des folies, du moins garde-les pour toi et ne blasphème ni
Dieu ni la nature en les leur attribuant!

Mais les contradictions de notre pauvre philosophie humaine
et de nos pauvres religions de castes, abondent sur la matière.
Ecoutons encore Grotius : *Dans l'état de nature, nul n'est esclave,
et c'est en ce sens que les jurisconsultes soutiennent que la servitude est contraire à la nature. Mais que la servitude ait pu tirer
son origine d'une convention ou d'un délit, c'est ce qui ne répugne point à la justice naturelle* (2). On le voit, Grotius commence
par être plus raisonnable que Locke; malheureusement il finit
par être plus inconséquent encore; puisque, après avoir affirmé
que nul n'est esclave dans l'état de nature, il soutient que l'esclavage ne répugne point à la justice naturelle. C'est que dans nos

(1) *Gouv. Civ.*, Chap. VI, S. IX.
(2) *De jure pacis et belli*, t. 2, p. 104 *et seq*.

sociétés qui ne connaissent plus la loi de Dieu, il y a confusion dans les théories, confusion dans les actes, confusion partout.

N'allez pas croire que les deux plus grands philosophes de l'antiquité, Platon, le divin Platon, et Aristote, son disciple, aient eu des idées plus saines sur l'esclavage. Le savant précepteur du grand Alexandre, inspiré sans doute par son maître, épuise toute sa logique à vous montrer qu'il y a des esclaves par nature (1) : ce qui veut dire que quelques hommes ont été créés par Dieu uniquement pour être battus, et tués au besoin, par d'autres hommes; que la famille humaine n'est point une famille de frères, mais un ramas de bêtes féroces destinées de toute éternité à se dévorer et à se détruire. Et, qui le croirait? la Bible, ce livre que nos modernes mêmes regardent comme si saint, si sublime, bien qu'ils défendent à leurs enfans et à leurs femmes de le lire, la Bible aussi a sanctionné l'esclavage, et l'esclavage tel que celui de nos colonies, c'est à dire l'esclavage le plus dur, le plus brutal. *Si quelqu'un frappe son esclave, et qu'il meure sous sa main, il sera puni; mais s'il survit un jour ou deux, il ne le sera pas, parce que c'est son argent.* Quel cynisme! quel horrible dédain pour l'humanité! Quel législateur que celui qui enseigne de telles choses, et quel peuple abject et féroce que celui à qui il faut de pareilles lois!

On le voit, l'esclavage n'a pu s'établir que par la violation de tous les droits de l'humanité. Les raisons qu'on nous donne pour le légitimer, ne servent qu'à faire ressortir davantage tout ce qu'il a de hideux, de révoltant, de barbare; et si on ne savait toutes les aberrations dont l'homme ignorant est capable, on se demanderait si les hommes qui n'ont pas rougi de faire leurs frères esclaves, étaient bien des hommes ou des monstres à figure humaine! Du reste, cette monstruosité a porté ses fruits dans les sociétés humaines. Il est arrivé ce qui ne manque jamais d'arriver (car Dieu est juste) après la consommation de grandes iniquités. Partout où a régné l'esclavage, d'effroyables commotions ont eu lieu; la terre a été tour à tour inondée du sang des esclaves et des maîtres. Les maîtres ont été dépouillés, les esclaves se sont enrichis; puis encore, les esclaves enrichis sont tombés, et les tyrans dépouillés sont redevenus maîtres. Qui peut se rappeler, sans frémir, les assassinats, les meurtres sans nombre, commis

____

(1) *Politiq.*, liv. I, chap. I.

par des esclaves chez les anciens, à Lacédémone, à Rome, à
Ecbatane, à Athènes même, où l'esclavage était moins dur que
partout ailleurs? Lisez, lisez l'histoire de l'antiquité, celle du
moyen-âge, l'histoire de nos jours, et vous verrez si les esclaves
n'ont pas été toujours des assassins, des sicaires au service des
tyrans de toutes les époques, et des perturbateurs gagés du repos
public? Vous verrez ces hommes dégradés par vos lois, lutter sans
cesse soit pour leur propre compte, soit pour le compte d'autrui,
et lutter toujours dans l'orgie du crime.

O hommes pervers et ignorans! ce que vous avez fait de tous
temps et ce que vous faites de nos jours dans les pays où a régné
et où règne encore l'esclavage, vient cruellement, fatalement
confirmer ce que je viens de dire. Qui, dans les cours des Philippe
de Macédoine, des Alexandre, des Darius, était chargé de faire
disparaître par le poison ou par le fer, quiconque avait eu le
malheur de déplaire à ces illustres despotes ou à leurs courtisans?
les esclaves. Qui, après les affreuses guerres de Sylla et de Marius,
reçut du triomphateur de ce dernier le fer meurtrier qui devait
le débarrasser de son rival? un esclave. Qui, au dire de l'historien
Florus, ruina, pour ainsi dire, de fond en comble la Sicile, ou du
moins la *dévasta plus cruellement que la guerre punique*? la guerre
des esclaves (1). Quand le vieux monde romain fut-il plus ébranlé
et plus près de sa perte, si ce n'est lorsque ceux qu'il avait faits
esclaves au temps de sa puissance et de sa force, devenus eux-
mêmes, par les hasards de la guerre, plus puissans que lui, lui
rendirent esclavage pour esclavage et lui firent porter les fers
qu'ils avaient portés si long-temps eux-mêmes. L'empire de la
Rome des Césars et l'empire Byzantin, qui les a ravagés, abîmés?
si ce n'est l'esclavage des uns et le despotisme des autres qui,
poussant sans cesse et gouvernans et gouvernés, et maîtres et
serviteurs à s'entre-déchirer, les ont livrés sans défense aux peu-
ples libres qui sont venus les combattre et les subjuguer.

O loi atroce de l'esclavage! c'est toi qui ensanglantais autrefois
les sombres forêts de la Gaule en immolant des troupes d'esclaves
à tes dieux Thor, Tentatès, Bélénos et Hésus (2). C'est toi qui,

(1) Livre iii.
(2) Quand un grand était malade, les Druides, pour disposer les dieux
en sa faveur, remplissaient d'esclaves les membres d'immenses statues
d'osier auxquelles ils mettaient le feu. (Marcel, t. i, p. 3.)

dans l'empire du prophète, as avili la plus belle partie de l'humanité, en en faisant, non la compagne de l'homme, non sa moitié, mais sa marchandise et sa proie. C'est toi qui, dans nos contrées, dans ma chère patrie, sous toutes les races de nos rois, as attaché à la glèbe d'un prétendu seigneur, d'un moine fainéant où d'un prêtre débauché, des milliers d'hommes laborieux, produisant la vie pour leurs maîtres, et n'ayant droit à en recevoir pour récompense que des mauvais traitemens, ou même la mort! Enfin, c'est toi qui, par le joug ignominieux, insupportable que tu fis trop long-temps peser sur l'humanité, as produit ce qu'il y a eu d'excessif et de violent, vers la fin du dernier siècle, dans la révolution française et la catastrophe de Saint-Domingue.

C'est ainsi, mes Frères, que l'esclavage, violant et la loi de Dieu et les droits de l'humanité, jette partout la plus grande confusion; c'est ainsi qu'il ne laisse en paix ni ceux qui l'exploitent, ni ceux qui en sont les victimes, ni les maîtres ni les esclaves. Il vient de l'iniquité; il produit ce que produit l'iniquité : le désordre, la violence, la guerre, l'anarchie.

Il était réservé à la pensée chrétienne, mes Frères, de détruire l'esclavage, après tant de droits violés, tant d'injustices commises, tant de meurtres perpétrés, tant de commotions sanglantes enfantées par lui. Oui, ce sont des disciples de Jésus-Christ qui, reprenant cette pensée d'affranchissement des enfans de Dieu, manifestée au monde, il y a plus de dix-huit siècles, par le fils de Marie, se sont imposé la mission trois fois sainte de rétablir la dignité de l'homme dégradé par le hideux esclavage. Honneur, mille fois honneur à ces philanthropes chrétiens! qu'ils soient glorifiés devant Dieu et devant les hommes pour leur amour de l'humanité, pour leur zèle à maintenir la loi de Dieu et les droits de la grande famille, les Isambert, ce défenseur non moins illustre qu'infatigable de la liberté des noirs; les de Lamartine, les de Broglie, les Odilon-Barrot, ces illustrations de la littérature française, de la diplomatie, du barreau et de la tribune politique! Qu'ils soient glorifiés aussi nos frères chrétiens d'outre-mer, les Thomas Clarkson, les Wilberforce, les Macauley, les Scoble, dont les rares lumières, les nobles efforts, l'admirable charité ont tant contribué à amener les plus grandes nations du monde à travailler de concert à l'extirpation de l'esclavage. Oh! oui, les généreuses paroles de M. Scoble sont vraies, et elles auront tôt ou tard leur accomplissement : *Nous poursuivons les mêmes intérêts, nous formons*

*les mêmes vœux, nous soutenons les mêmes droits, nous éprou-
vons les mêmes sympathies. C'est cette identité de vues et de sen-
timens qui nous unit par des liens plus forts que les lois et les cou-
tumes qui nous distinguent, et qui, tôt ou tard, ne feront de l'humanité qu'une seule et même famille (1).*

(1) Discours de M. Scoble, lors du banquet offert à la députation de la
Société centrale britannique par la Société abolitioniste française, le 10
février 1840.

Imp. de LANGE LÉVY et Cᵉ, rue du Croissant, 16.

ON TROUVE

CHEZ L'AUTEUR, RUE DU FAUBOURG St-MARTIN, 55 ;

A l'Eglise Française primatiale, même rue, 59,

Et chez les principaux libraires de Paris, des départemens et de l'étranger,
les ouvrages suivans,

PAR M. L'ABBÉ CHATEL :

1. Le Code de l'Humanité, ou l'Humanité ra-
   menée au vrai Dieu, in-8° de 500 pages . . 5 fr. 50 c.
2. Biographie de M. Chatel et profession de
   foi de l'Église Française. . . . . » 40
3. Catéchisme à l'usage de l'Église Française. » 50
4. Discours sur les dangers de la Confession. . » 25
5. Contre le célibat des Prêtres. . . . . » 25
6. Sur l'Immortalité. . . . . » 25
7. Sur l'Apostasie. . . . . » 25
8. Sur l'Amour de la Patrie. . . . . . » 25
9. Discours sur la nécessité d'une Religion. . » 25
10. Sur le Déisme, ou la véritable religion. . » 25
11. Sur le Culte des grands hommes. . . . . » 25
12. Sur les dangers de l'Indifférence religieuse. » 25
13. Sur l'excellence de la loi naturelle. . . » 25
14. Sur la vocation de la femme. . . . . » 25
15. Sur l'éducation anti-sociale des séminaires,
    des moines et des couvens. . . . . . » 25
16. Sur la mauvaise éducation du jour. . . . » 25
17. Discours sur les enseignemens des hommes et
    les enseignemens de Dieu. . . . . . » 25
18. Eloge de Napoléon. . . . . » 25
19. Eucologe, ou livre de prières et de chants, à
    l'usage de l'Église Française, par M. Saint-
    Estève. 1 25
20. Discours par M. l'abbé Bandelier, sur la
    mission d'un Prêtre chrétien. . . . . » 25

www.ingramcontent.com/pod-product-compliance
Lightning Source LLC
LaVergne TN
LVHW051149060726
842526LV00006B/2299